11716

Angelina.
1835.

Y Th.
174

Th.
174

THEATRE PARISIEN.
PIÈCES NOUVELLES.

ANGELINA,

DRAME EN TROIS ACTES, MÊLÉ DE CHANTS,

Par M. Hippolyte Rimbaut;

REPRÉSENTÉ POUR LA PREMIÈRE FOIS, A PARIS, SUR LE THÉATRE DU PANTHÉON, LE 6 OCTOBRE 1835.

PRIX : 50 CENTIMES.

PARIS.

BARBA, LIBRAIRE, PALAIS-ROYAL,

GALERIE DE CHARTRES, DERRIÈRE LE THÉATRE FRANÇAIS, PRÈS DE CHEVET.

BEZOU,	QUOY,
RUE MESLAY, 34, et boulevard St.-Martin, 29.	BOULEVART SAINT-MARTIN, 18.

1835.

PERSONNAGES.

✱✱✱✱

Le Général DUHAMEL.
Charles BELMONT.
ANGELINA.
JULIETTE.
Mlle Gautier.
Un Notaire.
Un Domestique.
Amis et Parens.

Acteurs.

✱✱✱

M. Bonissant.
M. Saint-Hilaire.
Mme Delcour.
Mlle Emma.

La Scène se passe à la maison de campagne du Général.

ANGELINA,
DRAME EN TROIS ACTES.

Le Théâtre représente une salle de plain-pied avec un jardin que l'on aperçoit dans le fond, par la porte du milieu. Au fond, encore, deux portes ; celle qui est à droite de l'acteur mène à la chambre d'Angélina ; celle qui est à gauche, à l'appartement du général Duhamel. Deux autres portes latérales conduisant, celle qui est à la droite de l'acteur, chez Juliette et Mme Gautier ; celle qui est à gauche, chez Charles Belmont.

ACTE PREMIER.
SCÈNE PREMIÈRE.
JULIETTE, CHARLES. [1]

JULIETTE. (*Elle est occupée à un dessin ; Charles a les yeux fixés sur elle. Après un instant de silence :*) Eh ! bien... vous êtes donc muet aujourd'hui ?.. ou vous ne trouvez rien à me dire ? Savez vous, Monsieur, que vous n'êtes pas du tout aimable, mais pas du tout... (*Elle regarde Charles ; leurs yeux se rencontrent.*) M. Charles, ne me regardez pas ainsi ! venez plutôt, approchez-vous... Tenez, voilà mon paysage terminé ; est-il bien ?

CHARLES. Comme tout ce que vous faites : très-bien.

JULIETTE. Tant mieux ! mon père sera content ; et je veux qu'il le soit ; j'ai mes raisons pour cela. Quel bonheur ! c'est aujourd'hui qu'il arrive.

CHARLES. Aujourd'hui.

JULIETTE, *se levant*. Vous dites cela d'un air triste. Est-ce qu'après plusieurs mois d'absence, ce retour ne vous réjouit pas ainsi que moi ?

CHARLES. L'intérêt que me porte le général Duhamel, votre père, mademoiselle Juliette, mérite ma reconnaissance, et je serais ingrat de ne pas le voir avec plaisir se rapprocher de nous ; mais...

JULIETTE. Mais ?..

CHARLES. Sa présence ne changera-t-elle rien ici ?

JULIETTE. Pourquoi ?

CHARLES. Ne faudra-t-il pas renoncer à ces habitudes de douce intimité, à nos promenades du matin, à nos jeux libres, à nos études réunies ? mademoiselle Gautier, votre gouvernante, le permettait :

[1] Les acteurs sont placés en tête de chaque scène, comme ils doivent l'être sur le théâtre ; le premier inscrit tient toujours en scène la gauche du spectateur, et ainsi de suite. Les changemens de position dans le courant des scènes, sont toujours indiqués par des notes au bas des pages.

j'étais auprès de vous et de votre sœur Angélina, comme un frère, un ami... et ma tristesse vous étonne, quand je vais redevenir un étranger, le simple secrétaire du général ?

JULIETTE. Vous, étranger ! allons, quelle idée ! vous savez pourtant bien que mon père vous aime.

CHARLES. Oui, mais je suis sans fortune, moi ; mais votre père est riche, mademoiselle Juliette ; mais vous, et votre sœur, serez de riches héritières : je dois m'en souvenir ?..

JULIETTE. Au contraire, Monsieur, n'y songez pas.

Air d'Yelva.

Jeux et travaux, et courses matinales,
Heures, hélas ! promptes à s'envoler,
   Douces coutumes amicales,
C'est ce qu'il faut toujours vous rappeler !
Qu'importe à moi la richesse importune ?..
Dans le passé j'aime à me replier...
Ah ! croyez-moi, le rang et la fortune,
Voilà, Monsieur, ce qu'il faut oublier ;
Oui, croyez-moi, le rang et la fortune,
Charles, voilà ce qu'il faut oublier.

CHARLES, *à part*. Pauvre enfant, elle m'aime ! et moi !.. Oh ! mais je suis homme d'honneur, et j'aurai du courage.

JULIETTE. Encore soucieux ! (*elle s'approche de lui.*) Voyons, prenez mon bras... et puisque vous tenez à vos habitudes, allons faire notre promenade du matin ; venez, cela vous remettra.

(*Ils sortent au fond par la porte du milieu.*)

SCÈNE II.
Mlle GAUTIER, *entrant par la gauche et suivant des yeux Charles et Juliette.*

Ah ! c'est Juliette avec M. Charles... de ce côté-là je puis être tranquille... C'est Angelina qui m'inquiète et me tourmente ; elle est si singulière ! Quelle différence entre les deux sœurs ! dans les veines d'Angelina, c'est bien du sang américain ; et l'on reconnaît en elle la fille d'une Créole !.. Et puis, comme son caractère est devenu sombre... comme elle a changé d'habitudes, de manières, surtout depuis son retour de chez sa tante, qui l'a voulu retenir jusqu'à ses derniers momens!.. Ah! lorsqu'après deux ans de veuvage, le Général s'est décidé à se remarier, il a bien fait cette fois d'épouser une Européenne, qui, du moins, lui a donné en mourant une fille un peu maligne, un peu espiègle, mais dont la nature est moins inflammable et l'esprit plus calme... Par exemple, ce qu'il aurait bien dû se dispenser de faire, le Général, c'est de s'absenter six grands mois : il est vrai que d'abord, l'inspection dont le ministre l'avait chargé ne devait pas s'étendre aussi loin. Sans cela, il ne m'aurait pas laissé sur les bras deux jeunes filles avec un jeune homme... Un bon jeune homme que M. Charles, heureusement! et qui n'a songé, en secrétaire consciencieux, qu'aux mémoires dont la rédaction lui était confiée... Enfin n'importe! je ne suis pas fâchée que le retour du père soulage un peu ma surveillance. Cette nuit encore, je ne sais ce qu'avait Angelina... mais la voici!..

SCÈNE III.

Mlle GAUTIER, ANGELINA, puis JULIETTE et CHARLES, *rentrant au fond par la porte du milieu.*

Mlle GAUTIER, 1 *à Angelina.* Viens donc! je t'attendais avec impatience... Voyons, que je t'examine! en effet tu es pâle...

ANGELINA. Moi, pâle! je ne sais... Juliette, vous ne l'avez pas encore vue?

Mlle GAUTIER. Elle est au jardin avec M. Charles.

ANGELINA, *à part.* Ensemble!

Mlle GAUTIER. Tu n'as pas été malade cette nuit?

ANGELINA, *avec embarras.* Malade!.. moi?.. j'ignore ce que vous voulez dire.

JULIETTE, 2 *entrant avec Charles.* Te voilà, sœur... (*Elle court à Angelina qu'elle embrasse; à Angelina.*) Bonjour, bonne amie.

CHARLES, *saluant.* Mesdames...

Mlle GAUTIER. Bonjour, petite... bonjour, M. Charles... Tenez! ne remarquez-vous pas ainsi que moi la pâleur d'Angelina?..

JULIETTE. Elle, pâle!

Mlle GAUTIER. Plus maintenant... elle a rougi...

CHARLES, *bas à Angelina.* Du sang-froid!

1 Angelina, entrée par la porte droite du fond, Mme Gautier.

2 Juliette, Mlle Gautier, Angelina, Charles.

Mlle GAUTIER. C'est que je craignais d'autant plus qu'elle ne fût indisposée, que cette nuit il m'avait semblé entendre du bruit chez elle...

JULIETTE. Chez toi?..

Mlle GAUTIER. Oui, comme si l'on eût marché dans sa chambre, voisine de la mienne... J'aurais parié que sa fenêtre s'était ouverte, puis refermée... C'est au point que je me suis levée, pour frapper à ta porte... mais tu n'a pas bougé.

JULIETTE. Cela me tranquillise, et s'explique sans peine. C'est que probablement Angelina dormait, et que vous, ma bonne amie, vous rêviez.

Mlle GAUTIER. Je puis m'être trompée.

JULIETTE. Il y paraît.

Mlle GAUTIER. Mais, pour sûr, je ne rêvais pas. Apprenez, mademoiselle Juliette, que je ne rêve jamais... Qu'est-ce que c'est donc que cette petite fille-là?.. (*à Angelina.*) Quant à toi, ma chère enfant, je persiste à te trouver un peu fatiguée... peut-être que je rêve encore... Tu n'es pas souffrante?

ANGELINA. Non, je vous jure.

Mlle GAUTIER. Alors... je sais ce que c'est!..

JULIETTE. Oui, l'embarras des richesses! elle ne dort plus depuis l'héritage de sa tante.

Mlle GAUTIER. Qui malheureusement pour toi n'était pas la tienne aussi... vous auriez partagé...

JULIETTE. Cela ne m'aurait pas empêchée de dormir.

ANGELINA. Et vous croyez que moi...

Mlle GAUTIER. Non, il ne faut s'en prendre qu'à ton impatience de revoir ton père, n'est-ce pas?

CHARLES, *à part.* Je respire.

Mlle GAUTIER. Voici bientôt l'heure où le Général doit arriver. Sommes-nous prêts à le recevoir? c'est que j'entends qu'il me fasse compliment de vous, Mesdemoiselles.

JULIETTE, *prenant son dessin.* Je n'ai plus qu'à porter cela dans sa chambre.

Mlle GAUTIER. Je sais ce que c'est.

JULIETTE. Au moins, papa sera sûr que nous avons tous pensé à lui... Un dessin de moi... un dessin charmant, regardez!.. De toi... une bourse brodée... et puis, ses mémoires que M. Charles a complètement rédigés... En aura-t-il des surprises! venez avec moi, bonne amie; vous m'aiderez placer ce chef-d'œuvre-là comme il faut.

Mlle GAUTIER. J'ai peur de n'être pas assez éveillée, petite mauvaise.

CHARLES. De la rancune, mademoiselle Gautier.

Mlle GAUTIER. Eh bien, allons!.. Embrasse-moi, Angelina... ton père va me faire des reproches, s'il ne te trouve pas plus gaie que cela! je suis responsable de tout...

JULIETTE, *entraînant mademoiselle Gautier.* Mais venez donc, bonne amie!

Mlle GAUTIER. Un instant! un instant!.. Quel démon!..

(*Mademoiselle Gautier sort avec Juliette par la porte gauche du fond.*)

SCÈNE IV.

ANGÉLINA, CHARLES.

ANGELINA. Charles!

(*Charles lui fait signe de se taire; Juliette et mademoiselle Gauthier n'ont pas encore disparu.*)

CHARLES. Elles s'éloignent.

ANGELINA. Écoutez... je ne puis plus vivre ainsi.

CHARLES. Est-ce là ce que tu m'as promis, Angélina?

ANGELINA. Sais-je, mon dieu! ce que j'ai promis, quand seule avec vous, à vous, Charles, je suis ce que vous voulez, je pense ce que vous voulez, je dis ce que vous voulez! Cette nuit,[1] ce que vous avez voulu, je l'ai promis; mais je vous le demande, est ce là promettre?

CHARLES. Tu étais raisonnable; pourquoi ne l'es-tu déjà plus?

ANGELINA. C'est que le jour m'a éclairée, moi!.. et vous?.. Mais tu n'as donc pas entendu ma bonne Gautier? Elle m'appelait, elle frappait, elle m'appelait encore... je ne respirais pas... j'étais immobile, j'étais morte! et tout-à-l'heure, quand il a fallu lui soutenir en face qu'elle se trompait, j'ai cru que j'allais me trahir, que nous étions découverts, toi, perdu, moi, déshonorée.

CHARLES. Rassure-toi; le péril est passé... Nous redoublerons de prudence.

ANGELINA. Non, Charles, non! je suis bien décidée; mon père sera bientôt ici... il saura tout.

CHARLES. Que dis-tu?

ANGELINA. L'aveu de ma faute obtiendra notre pardon.

CHARLES. Si c'était un faux espoir, Angelina! Garde-toi de compromettre ainsi notre bonheur à la légère; et s'il ne nous est pas donné de l'assurer à jamais, au moins tâchons de le prolonger encore! Moi, perdu, toi, déshonorée, ainsi que tu disais, craignons une séparation éternelle.

ANGELINA. Une séparation!.. il n'y en a plus pour nous, à présent. Quoi qu'il arrive, ne sommes-nous pas liés? Si tu partais, Charles, est-ce que je ne quitterais pas tout pour partir? car enfin, je suis à toi, je suis ta femme, Charles! je suis ta femme devant Dieu! Si je tremble devant mon père, c'est une faiblesse qui n'a pas de raison... car il faudra bien en venir à lui révéler notre amour.

CHARLES. Attendons.

ANGELINA. Attendre!

CHARLES. Une circonstance imprévue peut nous être favorable... Laisse-moi voir ton père, étudier ses dispositions envers moi! je saisirai l'occasion de te satisfaire, d'assurer ton repos... le mien... Mais à quoi bon lui déclarer l'oubli de nos devoirs? à quoi bon faire rougir le front du vieillard et déchirer son cœur, en disant: Il le faut!.. N'employons qu'à toute extrémité cette funeste ressource... car la contrainte n'amènerait pas l'indulgence, et nous n'aurions à compter l'un et l'autre que sur sa malédiction.

ANGELINA. Il nous maudirait!

CHARLES. Sois aimée, Angélina! cela ne suffit-il pas?

SCENE V.

LES PRÉCÉDENS, JULIETTE.

JULIETTE, *accourant de la porte gauche du fond.* Angélina! M. Charles! vite, vite!.. papa vient d'arriver.

ANGELINA. Mon père!

CHARLES. Le Général!

JULIETTE. Courons.

(*Elle sort au fond par la porte du milieu.*)

SCÈNE VI.

CHARLES, ANGELINA, Mlle GAUTIER.

Mlle GAUTIER, *empressée, sortant aussi de la porte gauche du fond.* Il y a une voiture en bas... je sais ce que c'est...

ANGELINA, *à part.* Je tremble!

Mlle GAUTIER. Angelina, suis-moi!

CHARLES. Allez, allez, Angelina.

(*Angelina et Mlle Gautier sortent au fond, par la porte du milieu.*)

---

[1] A cette nuit, la censure a substitué: hier encore.

SCÈNE VII
CHARLES, seul.

Le Général ici!.. à quelques pas de moi!.. je n'ai pas la force d'aller à sa rencontre... mais je n'éviterai pas long-temps sa présence... Comment soutenir ses regards, et sentir ma main pressée dans la sienne? je suis si coupable envers lui! Aimé de ses deux filles, j'ai séduit l'une... et j'aime l'autre à présent!.... Ah! quelle destinée est la mienne!... et pourquoi l'absence d'Angelina a-t-elle exposé mon cœur aux dangers d'un nouvel amour?.. Malheureux par des remords ou par des regrets; placé entre Juliette et Angelina, dont le sort est tellement enchaîné au mien, que je ne puis rendre le repos à Angelina, sans détruire à jamais celui de Juliette!

SCÈNE VIII.
CHARLES, JULIETTE, LE GÉNÉRAL DUHAMEL, ANGELINA, Mlle GAUTIER 1, UN DOMESTIQUE.

ENSEMBLE.
JULIETTE, Mlle GAUTIER, LE GÉNÉRAL.

Air de Missolonghi.

Nos / Vos cœurs sont heureux,
En revoyant notre / votre père;
Ce retour prospère
A comblé nos plus doux vœux.

LE GÉNÉRAL.

Vos cœurs sont heureux,
En revoyant votre père...
Ce retour prospère
Comble aussi mes plus doux vœux.

(*Le domestique dépose différens paquets, et une boîte fermée; puis il sort.*)

LE GÉNÉRAL. Le voilà donc, ce Monsieur Charles...

CHARLES. Général...

LE GÉNÉRAL. Je vous en veux beaucoup, monsieur mon secrétaire. Comment, morbleu! après une si longue séparation, ne point faire un pas à ma rencontre!

CHARLES. Excusez-moi, Général, les premiers regards, les premiers embrassemens d'un père reviennent de droit à ses filles, et il est des momens où l'on se sent de trop, quand on n'est qu'un étranger.

Mlle GAUTIER, *à part*. Il a raison, je sais ce que c'est...

LE GÉNÉRAL. Vous n'êtes pas étranger parmi nous, M. Charles.

JULIETTE, *bas à Charles*. Vous entendez.

ANGELINA, *à part*. Bon père!

LE GÉNÉRAL. Vous qui avez fait des études, vous savez mieux que moi ce que signifie le mot famille... C'est, il me semble, une assemblée de gens qui vivent sous le même toit, qui s'asseyent au même foyer, qui se chérissent, se protègent, et font un échange honorable d'hospitalité... A ces titres-là, je me flatte, M. Charles, que vous êtes de la famille, morbleu!

CHARLES. Que de reconnaissance! (*à part.*) Cet accueil me fait mal.

LE GÉNÉRAL. Au reste, il y a de votre part discrétion un peu exagérée; mais ce que je vous en dis n'est que pour vous témoigner mon estime et mon affection.

JULIETTE, *à part*. Cela va bien.

LE GÉNÉRAL. A présent, mademoiselle Gautier, à nous deux. Donnez-moi des détails; parlez-moi de ces Demoiselles... Avez-vous été satisfaite?

Mlle GAUTIER. En doutez-vous, Général?

JULIETTE. Au fait, c'est une question injurieuse pour nous, mon cher papa.

LE GÉNÉRAL. La musique... le dessin... l'on s'en est occupé avec soin?

Mlle GAUTIER. Vous pourrez en juger par vous-même.

LE GÉNÉRAL. A la bonne heure! et puisque tout le monde ici a fait son devoir, il faut que je fasse le mien à mon tour.

(*Il s'approche des paquets, et se prépare à les ouvrir.*)

Mlle GAUTIER, *à part*. Je sais ce que c'est...

LE GÉNÉRAL. Il n'y a pas de plaisir avec vous, mademoiselle Gautier... Vous avez une sagacité, morbleu!.. Vous devinez tout. 1 Voyez, mes enfans, j'ignore si j'aurai bien choisi... j'ai pris tout cela dans les villes renommées pour chacune de ces étoffes... Arrangez-vous... partagez! Il y a là quelque chose qui, j'espère, conviendra à mademoiselle Gautier, et qu'elle voudra bien accepter.

Mlle GAUTIER. Général, que de remercîmens...

LE GÉNÉRAL. Cela n'en vaut pas la peine...

JULIETTE. Pardonnez-moi, mon cher papa. C'est charmant... c'est d'un goût

---

1 Mlle Gautier, Angelina, le général Duhamel, Juliette, Charles.

1 Angelina, Juliette, le Général, Mlle Gautier, Charles.

exquis... Voyez donc, M. Charles, quelle jolie nuance !..

ANGELINA. Merci, mon père, d'avoir ainsi pensé à nous !

LE GÉNÉRAL. J'y pense partout, et à tous les instans.

JULIETTE. Et cette boite, mon père, cette boîte que vous oubliez?.. Pour qui donc, et qu'y a-t-il dedans?

LE GÉNÉRAL. Curieuse !.. Demande à mademoiselle Gautier ; je gage qu'elle va te le dire tout de suite.

Mlle GAUTIER. Ma foi, Général...

LE GÉNÉRAL, *prenant la boîte des mains de Juliette.* Vous ne savez pas ce que c'est ? Il me semble que tout le monde ici n'a pas reçu son cadeau.

Mlle GAUTHIER. Je sais... je sais... le cadeau de M. Charles.

LE GÉNÉRAL. Précisément.

CHARLES. A moi aussi, Général.. tant de bonté !

LE GÉNÉRAL. Prenez, M. Charles ; c'est une bagatelle... mais vous êtes connaisseur en armes... et cette boîte en contient que je vous laisse apprécier.

CHARLES, *après avoir ouvert la boîte.* C'est de toute beauté...

ANGELINA. Voyons !

LE GÉNÉRAL. Ce n'est pas votre affaire.

Air de la Colonne.

N'avez-vous pas, mesdemoiselles,
Vos étoffes et vos rubans?
Occupez-vous de chiffons, de dentelles...
Voilà pour vous les objets importans.

JULIETTE.

Oui, mon père, je vous entends :
Ce sont nos armes... mais les vôtres
Sont moins dangereuses, je crois,
Car vous, Messieurs, plus d'une fois,
Vous vous blessez avec les nôtres.

(*Elle a pris la boîte des mains de Charles, et l'a portée vers sa sœur.*) 2

Mlle GAUTIER. Ne touchez pas, mademoiselle Juliette ! Au moment où l'on y pense le moins, cela part !.. je sais ce que c'est.

JULIETTE. Un poignard ne part pas. Regarde, Angelina, quelle belle monture !..

ANGELINA. Tout cela me fait peur, à moi !

JULIETTE, *jouant avec le poignard.* La fille d'un général qui a peur !

Mlle GAUTIER. Assez ! c'est assez !... une lame dégaînée en des mains de demoiselle !.. Allons serrer nos étoffes ; et vous, M. Charles, votre boîte infernale !..

JULIETTE. Viens-tu, Angelina ?.

LE GÉNÉRAL. Non... j'ai à causer avec elle...

JULIETTE, *bas au général.* Et moi, mon père, j'ai à causer avec vous.

LE GÉNÉRAL. Bien ! bien !.. Aide d'abord mademoiselle Gautier... J'irai te rejoindre. M. Charles, nous nous reverrons bientôt.

CHARLES. Je suis à vos ordres, Général.

(*Sortent Juliette et Mlle Gautier, par la porte droite du fond, et Charles, par la porte latérale, à gauche.*)

SCÈNE IX.

LE GÉNÉRAL, ANGELINA.

LE GÉNÉRAL. Nous voilà seuls, Angelina. Prête-moi toute ton attention ; ce que j'ai à te dire est sérieux.

ANGELINA. Je vous écoute.

LE GÉNÉRAL. Tu le sais, mon enfant ; unique héritière de la tante que tu viens de perdre, tu recueilles, par sa mort, une fortune bien au-dessus de la part qui te reviendra dans la mienne, ainsi qu'à Juliette. Je t'ai déjà parlé des diverses demandes qui m'avaient été faites de ta main ; tu les a toutes repoussées... et nous n'avons pas à nous en repentir aujourd'hui... car tu peux désormais prétendre aux partis les plus brillans.

ANGELINA. Si j'ai repoussé les offres que j'ai reçues, ce n'est pas qu'elles me parussent insuffisantes... Elles satisfaisaient mon ambition... Mais pourquoi se hâter de changer ma destinée ? ne suis-je pas heureuse auprès de vous ?

LE GÉNÉRAL. Je le crois : mais, un peu plus tôt, un peu plus tard, il faudra te résoudre à une nouvelle existence, et consentir à te marier.

ANGELINA. Me marier !

LE GÉNÉRAL. Sans doute. Il est bon de songer à l'avenir.

AIR : *Adieu, Benoît, tu n'as plus rien à faire.*

Oui, mon enfant, te voilà sur mon bras
Bien appuyée,.. oublieuse, je gage
Qu'un jour, pourtant, bientôt, peut-être, hélas !
Je ne serai plus là, vieux soutien du voyage...
Fais que du moins nos adieux soient plus doux !
Que je te dise à mon heure dernière :
Ne pleure pas, je te laisse un époux
Pour te chérir et remplacer ton père !
Dieu maintenant peut rappeler ton père.

1 Angelina, Mlle Gautier, le général, Charles, Juliette.

2 Angelina, Juliette, Mlle Gautier, le Général, Charles.

ANGELINA. Cela est encore si loin.

LE GÉNÉRAL. Qui sait? Eh bien! M. de Mélanville me demande ta main pour son fils Alfred, que tu as vu plusieurs fois au bal cet hiver. C'est un jeune homme dont les talens, la fortune et la personne contenteraient les plus difficiles. Réfléchis bien avant de prendre une décision, et je suis persuadé que ma réponse à M. de Mélanville sera favorable.

ANGELINA. Vous m'avez souvent assuré, mon père, que là-dessus vous n'exigiez rien de moi, et ne me pressiez en aucune façon... Ainsi ne vous irritez pas...

LE GÉNÉRAL. Entendons-nous, Angelina. Je ne te demande pas une réponse qui soit contre ton gré... mais je t'en demande une, et si elle est négative, je demande encore que tu l'appuies de quelque raison. Du reste, tu es libre... et je n'ai plus qu'une seule observation à te présenter.

ANGELINA. Parlez.

LE GÉNÉRAL. Juliette est plus jeune que toi de trois ans, et c'est une coutume que l'aînée soit mariée la première. Or, j'ai aussi des projets sur ta sœur. La surveillance de mademoiselle Gautier est rassurante... mais enfin cela ne remplace pas les soins d'une mère... et puis Juliette ne partage peut-être pas ton attachement au célibat : je crois qu'elle serait disposée à accepter l'époux que je lui présenterai... Mais il m'en coûte de ne pas commencer par toi, et je m'imagine, qu'en mariant d'abord la cadette, je ferais à l'aînée un passe-droit qui blesserait son amour-propre.

ANGELINA. Oh! ne vous arrêtez pas à cela. Dieu m'est témoin que je verrais l'hymen de Juliette, non-seulement sans dépit, mais avec plaisir... s'il devait assurer son bonheur.

LE GÉNÉRAL. Soit. Et si tu ne lui donnes pas le bon exemple, Angelina, te voilà prévenue! ta bouche ni ton cœur n'auront à m'adresser des reproches.

ANGELINA. Des reproches, à vous!

LE GÉNÉRAL. Je te laisse penser à ce que je viens de te dire; et, je te le répète, ne prends pas de décision sans avoir mûrement réfléchi.

(*Sort le général, par la porte droite du fond.*)

SCÈNE X.

ANGELINA, puis CHARLES.

ANGELINA, *seule*. Hélas! toute réflexion est inutile!.. mais il ne s'agit plus de délais. Il faut s'expliquer!.. En éloignant une alliance aussi avantageuse, il faut dire pourquoi!.. pourquoi!.. Charles parlera; je veux qu'il parle... ou moi-même... Ah! c'est lui... Venez, Charles!

CHARLES. Qu'y a-t-il?

ANGELINA. Quand, ce matin, je vous pressais de déclarer notre amour à mon père, vous pensiez que le temps n'en était pas encore venu... et moi, mon pressentiment ne me trompait pas, lorsque je pensais qu'il n'y avait plus à attendre.

CHARLES. Comment!.. le général...

ANGELINA. Il a, pour ma sœur et moi, des projets immédiats d'établissement. Mais moi, je suis la plus riche, et c'est ma main qui est demandée avec plus d'empressement. Quant à Juliette, mon père croit la décider sans peine à se marier...

CHARLES, *avec feu*. Marier Juliette! c'est impossible!.. (*revenant à lui.*) N'est-ce pas, c'est impossible?.. Elle est si jeune!.. elle est plus jeune que toi, Angelina!..

ANGELINA. Ce n'est pas là ce qui nous importe... Le mari qu'il me propose, à moi, et qu'il me presse d'accepter, ce n'est pas vous, Charles! c'est le fils d'un millionnaire, le fils de M. de Mélanville!

CHARLES. Et tu as refusé?..

ANGELINA, *avec dignité*. Oubliez-vous, Monsieur, où nous en sommes? et puis-je disposer de moi? Vous comprenez, Charles, que j'attends de vous, et sans retard, une démarche auprès de mon père, devenue pressante et indispensable. Car il compte sur une prompte réponse, et sur les causes qui l'auront dictée!.. Cette réponse, c'est vous qui la lui porterez, aujourd'hui même!..

CHARLES. Quoi! à l'instant où votre fortune, en s'élevant, vous place au-dessus de moi plus que jamais...

ANGELINA. Ah! vous hésitez!.. suis-je donc perdue?.. suis-je la plus malheureuse des femmes?.. et vous, des hommes le plus infâme?..

CHARLES. Quel soupçon!.. non, je n'hésite pas... rassure-toi, Angelina! je te trahirais, et tu serais malheureuse par moi oh! non... jamais!.. Je vais rejoindre le Général... je me jetterai à ses pieds, en lui demandant grâce... Il ne restera pas inflexible à mes prières; et toi, Angelina, tu ne m'accuseras plus!

ANGELINA. Pardonne, si j'ai douté de toi! je t'aime tant, Charles, que j'ai toujours peur que tu ne m'aimes pas assez!..

Mais voilà que mes craintes ont cédé à la confiance et à l'espoir... Adieu!.. hâtez-vous, Charles!

CHARLES. Je te le promets.

(*Angélina sort au fond par la porte du milieu.*)

SCENE XI.
CHARLES, *seul.*

Oui, je tiendrai ma promesse... Angelina!.. si elle savait ce qui se passe en moi, et qu'en demandant aujourd'hui sa main, je ne ferai que remplir un devoir!

AIR : *Je sais attacher des rubans.*

Que je voudrais encore l'aimer!..
Mais ma tendresse est effacée;
Celle qui m'avait su charmer,
Attriste à présent ma pensée.
Le souvenir, hélas! de mon bonheur
Est comme un remords que j'éprouve;
Et quand je cherche une image en mon cœur,
C'en est une autre que j'y trouve!

Ah! je suis bien ingrat!.. mais je ne serai pas lâche envers elle... Quoi qu'il m'en coûte, je vais élever entre Juliette et moi une barrière insurmontable!.. Juliette, si vive, si joyeuse!... Juliette, dont l'amour si naïf et si pur!.. elle va bien souffrir de mon abandon, la pauvre enfant! c'est moi qui aurai troublé ses jours... et j'aurais pu charmer sa vie entière!.. Il faut y renoncer!.. c'est un sacrifice que commande l'honneur... je saurai l'accomplir... Mon repos, mon bonheur, celui de ta sœur peut-être, Angelina, prends tout! tout t'appartient par mes sermens!.. Mais oublier Juliette est au-dessus de mes forces!

SCÈNE XII.
CHARLES, LE GÉNÉRAL, Mlle GAUTIER.

Mlle GAUTIER [1]. Ce sont des reproches sérieux, Général?

LE GÉNÉRAL, *d'un ton sévère.* Vous en jugerez, Mademoiselle.

CHARLES, *à part.* Je tremble!..

LE GÉNÉRAL, *à Charles.* Eh bien, Monsieur, ma présence paraît vous embarrasser...

CHARLES. C'est que... Général... j'ai un secret... important...

LE GÉNÉRAL, *avec intention.* Un secret?..

[1] Mlle Gautier, le Général, entrés par la porte droite du fond, Charles.

CHARLES. Vous plairait-il de m'accorder un entretien... particulier?

Mlle GAUTIER, *à part.* Pour le coup, je ne sais pas ce que c'est.

LE GÉNÉRAL. Mademoiselle Gautier n'est pas de trop, je suppose.

CHARLES. Mais...

LE GÉNÉRAL. Non, je vous assure... Vous pouvez parler, Monsieur. (*à part.*) Voyons comment il s'y prendra... (*haut.*) Eh bien?...

CHARLES. La première chose que je dois vous déclarer, Général, c'est que j'ai de grands torts envers vous; car, ma conscience étant soulagée par cet aveu, j'aurai moins de peine à m'expliquer.

Mlle GAUTIER, *à part.* Où veut-il en venir?

CHARLES. Oui, Général, accueilli par vous avec bienveillance, admis à votre intimité, traité dans votre famille comme si j'en eusse fait partie, j'ai méconnu la distance qui nous sépare ; je n'ai plus songé que je n'avais ni fortune ni rang...

AIR : *Faut l'oublier!*

Heureux de la voir, de l'entendre,
Près d'elle j'étais chaque jour...
Et je sentis naître un amour
Dont nul n'aurait pu se défendre.
En vain mon cœur se fût armé...
Tout autre, hélas! comme moi-même,
Par tant d'attraits aurait été charmé...
Ce n'est pas un tort si je l'aime,
Mon seul crime est d'en être aimé;
Vous excusez bien que je l'aime,
Pardonnez-moi d'en être aimé.

LE GÉNÉRAL. On m'a tout appris, Monsieur.

Mlle GAUTIER, *à part.* Je commence à savoir ce que c'est!

LE GÉNÉRAL. Que dites-vous de cela, mademoiselle Gautier?

CHARLES. J'ai mérité votre colère...

LE GÉNÉRAL. Oui, sans doute... vos torts sont graves... vous avez trahi ma confiance; vous n'avez pas craint de jeter le trouble dans cette maison, de déconcerter les projets formés par moi... Cela est mal, très-mal, M. Charles; car on a beau dire qu'on n'est pas maître de soi, que la passion est irrésistible; on est maître de soi, quand, avant de s'y laisser aller, on en considère les conséquences dès l'origine... Si du moment que vous avez senti naître cet amour, vous vous étiez éloigné de celle qui en est l'objet; si vous vous étiez dit : dans son intérêt même, pour son bonheur à venir, je dois renoncer à elle, et laisser à un père le soin de lui choisir un époux... vous eussiez triomphé, M. Charles, et vous vous seriez conduit en jeune homme de cœur...

CHARLES. Général !..

LE GÉNÉRAL. Dieu me garde de me méprendre sur vos intentions ! mais on s'est dit : le Général a de l'affection pour moi... c'est un brave homme, M. Duhamel... il chérit sa fille... il ne voudra pas la rendre malheureuse... et voyant que nous nous aimons, il nous mariera !.. N'est-il pas vrai, qu'on s'est dit cela, M. Charles?.. Eh bien, où en seriez-vous à présent, si je ne voulais rien entendre, si je persistais dans ce que j'avais résolu d'abord, si ma seule réponse était non ! toujours non !

CHARLES. Vous n'aurez pas cette cruauté, Général ; et puisque votre âme généreuse a distingué mes véritables sentimens, et ne les a pas confondus avec les calculs d'un vil intérêt, j'élève la voix jusqu'à vous ; et mes espérances...

LE GÉNÉRAL. Ne seront pas déçues.

Mlle GAUTIER, *à part.* Ah ! ça, laquelle des deux?..

LE GÉNÉRAL. Je vous ai fait une leçon, M. Charles ; je le devais... mais, après tout, je renonce facilement à l'alliance qui se présentait. J'aurais eu sans doute un gendre plus opulent, mais je n'en eusse pas trouvé, qui me convînt davantage sous tous les autres rapports... Et puisque Juliette m'a tout révélé...

CHARLES, *troublé.* Juliette !.. qu'ai-je entendu?..

Mlle GAUTIER. Juliette ! je sais ce que c'est !..

LE GÉNÉRAL, *à mademoiselle Gautier.* J'espère, mademoiselle Gautier, que votre surveillance est bientôt au fait...

Mlle GAUTIER. Voici ces Demoiselles.

SCENE XIII.

LES MÊMES, JULIETTE, ANGELINA, *entrée du fond par la porte du milieu.*

LE GÉNÉRAL 1. Approchez... Ta sœur, ma chère Angelina, t'a dit qu'elle allait se marier... tu sais avec qui?..

JULIETTE, *regardant Charles.* Non ; elle ne devine pas.

LE GÉNÉRAL, *à Angelina.* Vois comme Juliette est docile !.. cela ne te décide pas?.. Si nous faisions deux noces le même jour?..

1 Mlle Gautier, Juliette, le Général, Angelina, Charles.

ANGELINA. Mon père... (*à part.*) Charles a-t-il parlé?

LE GÉNÉRAL. Si je te donnais, ainsi qu'à ta sœur, un mari jeune, aimant et bon... comme M. Charles?..

ANGELINA, *vivement.* Comme lui !..

LE GÉNÉRAL. Tu n'accepterais pas?... Regarde, car voilà ton beau-frère.

ANGELINA. Charles !

JULIETTE. Lui-même.

CHARLES. Ciel !

ANGELINA. Vous, son mari !

CHARLES, *bas à Angelina.* Grâce, Angelina ! grâce, je l'aime !

ANGELINA. Il l'aime !.. et moi?.. je me meurs !..

(*Elle tombe évanouie entre les bras de mademoiselle Gautier ; on la secourt. Le rideau baisse.*)

ACTE II.

Le Théâtre représente un salon. Porte au fond, portes latérales. — Des bougies sont allumées ; une table, et ce qu'il faut pour écrire.

SCENE PREMIERE.

CHARLES, *seul.*

Le châtiment de ma faute, de mon crime, a déjà commencé..... Depuis quinze jours que j'ai accepté le don que m'a fait le général de la main de Juliette, suis-je heureux?.. suis-je heureux aujourd'hui que l'on signe le contrat de notre mariage?.. Non, j'endure un supplice de tous les instans !.. Aux remords que j'éprouve de ma conduite envers Angelina, viennent se mêler, et la honte d'une faiblesse que je n'ai pu vaincre, et la peur d'être dévoilé, perdu tout d'un coup par un cri de désespoir ou de vengeance !.. Comment interpréter le silence obstiné que me garde Angelina, le soin avec lequel elle m'évite?.. Ah ! cette incertitude est trop cruelle... et si je dois perdre Juliette !..

SCENE II.

CHARLES, Mlle GAUTIER.

Mlle GAUTIER, *entrant.* Que faites-vous donc là tout seul, M. Charles? Ah ! vous attendez l'heure de la signature... et vous avez devancé tout le monde au rendez-vous... car voici le lieu qui sera témoin de l'engagement que vous contractez de rendre Juliette heureuse.

Air du Charlatanisme.

Au-devant d'un instant si doux,

Déjà votre désir s'élance;
C'est naturel... Heureux époux,
Je conçois votre impatience.
Toucher un cœur pur... qui plus est,
Toucher une dot...

CHARLES.
Ce langage...

Mlle GAUTIER.
C'est le bonheur le plus complet...
Sans doute, je sais ce que c'est...
(à part.) Que le désir du mariage!...
C'est un empressement dont je me rends parfaitement compte... Mais pardon... je passe chez Angelina.

CHARLES. Voyez-la, Mademoiselle; elle n'a pas encore paru aujourd'hui...

Mlle GAUTIER. Sa conduite est bizarre, n'est-ce pas? Mais si je vous disais, entre nous, que je sais ce que c'est...

CHARLES. Comment?

Mlle GAUTIER. Oui; et franchement, est-ce que vous ne le savez pas, vous?

CHARLES. Ciel!..

Mlle GAUTIER. Cherchez bien, rappelez vos souvenirs, M. Charles... Ah! c'est que rien ne m'échappe à moi.

CHARLES. Enfin?..

Mlle GAUTIER. Répondez-moi seulement, si vous avez remarqué à quelle époque Angelina fut prise de cette humeur sombre, et de cette antipathie qu'elle vous témoigne, et qu'elle n'a pas toujours eue pour vous.

CHARLES. Mais... je ne sais...

Mlle GAUTIER. C'est à l'époque où fut décidé votre mariage avec Juliette... Eh bien! tout ne s'explique-t-il pas ainsi? Le regret d'avoir refusé pour elle une alliance que lui proposait le général; le dépit, quoi qu'elle en dise, de voir sa sœur établie la première... et peut-être aussi cette rivalité secrète qui existe toujours entre femmes, même entre sœurs qui se chérissent... lorsqu'un jeune homme fait un choix parmi elles... je sais ce que c'est!..

CHARLES. Quel que soit le motif de sa tristesse, tâchez de la dissiper, Mademoiselle... Car ce n'est pas moi seulement qu'elle afflige, c'est son père... c'est Juliette...

SCÈNE III.

CHARLES, JULIETTE, Mlle GAUTIER.

JULIETTE. Vous parlez de moi, Monsieur... tant mieux; car c'est preuve que je suis présente à votre pensée.

Mlle GAUTIER. J'en suis bien fâchée...

mais précisément ce n'est pas de toi qu'il était question.

JULIETTE. En ce cas, c'est très-mal..... Mon nom a pourtant été prononcé...

Mlle GAUTIER. Oui, mais à propos d'Angelina.

CHARLES. Il est vrai... et je faisais part à Mademoiselle de l'inquiétude que me causent son abattement et sa mélancolie...

JULIETTE. Je la quitte à l'instant.

CHARLES. Eh bien?..

JULIETTE. Elle m'avait fait demander... c'était déjà bon signe; j'ai cru d'abord qu'elle allait me faire quelque grande confidence... tant son air était solennel et imposant.

Mlle GAUTIER. Je sais...

CHARLES. Et que voulait-elle?

JULIETTE. Rien d'extraordinaire...... Après quelques phrases, que je n'ai pas bien comprises, elle a fini par s'excuser de sa bizarrerie à mon égard... Et puis nous avons parlé de vous, M. Charles... et puis son teint, son regard s'est animé.... Elle m'a embrassée, et souriant à travers quelques larmes, elle m'a dit : « Après tout, ce n'est pas une séparation éternelle. » Cela m'a fait penser que son chagrin venait de ce que nous allions cesser d'être ensemble!.. Mais je l'ai consolée... car elle sera souvent avec nous, n'est-ce pas, Monsieur? »

CHARLES, troublé. Angélina... près de nous... sans doute... c'est votre sœur.

JULIETTE. Dites la nôtre.

Mlle GAUTIER. Juliette a raison.

CHARLES, à part. Elle!.. près de moi!.. c'est impossible.

JULIETTE. Enfin elle a ajouté qu'elle se trouvait plus forte aujourd'hui, et qu'elle assisterait à la signature du contrat.

CHARLES, à part. Quel est son dessein? Voudrait-elle...

Mlle GAUTIER. Qu'avez-vous, Monsieur?..

CHARLES. Moi... rien...

JULIETTE, vivement. Mais si Monsieur!.. Vous êtes pâle, Charles!..

SCÈNE IV.

CHARLES, JULIETTE, LE GÉNÉRAL, Mlle GAUTIER.

LE GÉNÉRAL, entrant. Qu'est-ce que c'est?.. vous êtes indisposé, mon cher Charles?

CHARLES. Merci, général, je n'ai réellement rien qui vaille qu'on s'en occupe...

Ces dames sont trop bonnes... L'émotion peut-être...

JULIETTE. Vous m'avez fait bien peur, Monsieur!..

Mlle GAUTIER. Et à moi donc!

CHARLES. Je me sens tout-à-fait remis.

LE GÉNÉRAL. A la bonne heure, morbleu! Je ne veux pas d'un gendre à vapeurs... il faut laisser cela à cette petite fille, en cas de besoin.

JULIETTE, *au général*. N'allez-vous pas le gronder?

LE GÉNÉRAL. Non pas lui, mais toi... car ta toilette n'est pas encore au complet, il me semble... Ne m'as-tu pas demandé qu'après le contrat signé, nous eussions une petite fête?.. Ne danse-t-on pas?

JULIETTE. Je l'espère bien.

LE GÉNÉRAL. En ce cas, hâte-toi... Le notaire et nos amis vont arriver... Il n'y a que moi pour mener les affaires rondement.... Convenez-en, Charles!.. Mademoiselle Gautier, nous ouvrirons le bal ensemble.

Mlle GAUTIER. Une plaisanterie... Général! je sais ce que c'est, et ne m'en formalise pas... Viens, Juliette.

JULIETTE. Ce ne sera pas long! Quelques fleurs à mettre dans mes cheveux.

(*Sortent par le fond Juliette et mademoiselle Gautier.*)

SCÈNE V.

CHARLES, LE GÉNÉRAL, *qui a suivi sa fille des yeux.*

LE GÉNÉRAL. Décidément, Charles, c'est un joli cadeau que je vous fais-là!..

CHARLES. Vos bontés pour moi, Général, sont telles, que je crains que ma reconnaissance demeure toujours au-dessous du bienfait... Je ne méritais pas...

LE GÉNÉRAL. Vous méritiez tout autant, et plus qu'un autre, ce que j'ai fait pour vous. Quant à vous acquitter envers moi, cela vous sera facile; que ma fille bénisse à jamais ce jour, qui lie votre sort au sien, et c'est encore moi qui vous serai redevable.

CHARLES. Ah! Monsieur...

LE GÉNÉRAL. Je suis votre père dès à présent... Que de fois je vous ai entendu vous plaindre d'être orphelin! Vous ne l'êtes plus; vous avez une famille...

SCÈNE VI.

LES MÊMES, ANGÉLINA.

LE GÉNÉRAL. Et voilà votre sœur! embrassez-là, et la chérissez comme vous serez chéri d'elle. Vous hésitez, morbleu!..

ANGELINA, *très-calme.* Non, mon père. (*Elle s'avance vers Charles.*1) Eh bien! Monsieur, embrassez-moi donc!

LE GÉNÉRAL. Il se fait prier, je crois!.. (*Charles embrasse Angélina.*) N'a-t-il pas peur que Juliette soit jalouse?

CHARLES. Pardonnez... mais je doute encore si je rêve... Un changement si rapide...

ANGELINA. Est facile à comprendre... n'est-ce pas, mon père?

LE GÉNÉRAL. Charles s'y fera... mais je te sais gré, mon enfant, d'aller ainsi au-devant de mes désirs, en établissant la première entre vous deux l'abandon d'une amitié toute fraternelle!.. et puis te voilà, ce me semble, comme je voudrais que tu fusses sans cesse, animée, vive, joyeuse...

ANGELINA. Un jour comme celui-ci, comment ne le serais-je pas? Ce matin, j'étais souffrante encore; mais j'ai pris le dessus.

AIR : *du Bouquet de bal.*

J'ai senti mes forces renaître,
Pour ne pas troubler leur bonheur :
Oui, mon mal a dû disparaître.
Ma place était près de ma sœur.
Chacun aujourd'hui, je le pense,
Aurait souffert de mon absence...
Quand la fête commencera,
Consolez-vous, Charles, je serai là.

CHARLES, *à part.* Qu'entends-je?

LE GÉNÉRAL. Bravo, morbleu! ce n'est déjà plus M. Charles... c'est Charles tout simplement. Quand en serez-vous à dire: Angélina... au lieu de Mademoiselle?.. c'est peut-être moi qui vous intimide?.. Il n'y a pas de ma faute, au moins... En tout cas, je me retire; j'ai encore quelques ordres à donner.... Je vous laisse en tête-à-tête. Adieu, mes enfants... Tâchez de vous entendre. (*Sort le général.*)

SCÈNE VII.

CHARLES, ANGELINA.

(*Quelques instans de silence.*)

ANGELINA. C'est donc pour aujourd'hui?

CHARLES. Angelina, le Général.

---

1 Charles, Angelina, le Général.

CHARLES. Mon sort est entre vos mains.

ANGELINA. Que voulez-vous dire? Votre destinée, Charles, n'a plus rien de commun avec moi. Vous touchez, sans moi, au plus beau jour de votre vie!.. Que rien ne trouble vos amours!

CHARLES. Oh! quittez ce ton d'ironie amère qui m'accable et m'effraie!.. Angelina, je le sais, vous pouvez rompre ce silence, que je n'ose encore interpréter. D'un seul mot, vous pouvez révéler mon crime.

ANGELINA. Il est vrai, cela est en mon pouvoir, à moins toutefois que je ne fusse par vous démentie en face, et que l'on ne me crût pas.

CHARLES. Malheur à moi!

ANGELINA. Non... rassurez-vous... je suis résignée... J'oublie, et me souviens à propos... Vos sermens, votre amour, sinon le mien... voilà ce que j'ai dû oublier... Mais ces mots, prononcés par vous dans un instant solennel ; ces mots : « Grâce! je l'aime!.. » retentiront sans cesse dans mon cœur... Eh bien! Charles, vous ne m'aurez pas implorée en vain... Aimez-la !.. je vous pardonne... Oui, je vous fais grâce!..

CHARLES. Et si je n'en voulais pas?

ANGELINA. Qu'entends-je?

CHARLES. Tant de générosité!.. Angelina, rien n'est fait encore... un mot, un regard!.. et je reviens à toi...

ANGELINA, *émue*. Vous, Charles! (*se reprenant.*) Non, non, c'est impossible... et Juliette?..

CHARLES. Juliette!.. oh! pourquoi me redire ce nom? c'est déjà lui, qui m'a rendu ingrat et parjure... car vous ne savez pas... Fidèle à ma promesse, je demandais au général qu'il consentît à devenir mon père... l'aveu de sa fille avait prévenu ma demande ; et, quand je croyais avoir obtenu votre main, on m'avait accordé celle de Juliette!.. Alors, j'en conviens, je n'ai pas eu la force de la refuser... Juliette à moi!.. tout disparut devant cet espoir, qui renaissait tout-à-coup, et mon amour l'emporta sur mon devoir.

ANGELINA, *douloureusement*. Son devoir!

CHARLES. J'ai pu le méconnaître dans un instant d'ivresse... mais à présent...

ANGELINA. A présent, rien n'est changé! Vous aimez Juliette... Oh! oui, pour votre honneur, je l'espère! dites que vous l'aimez...

CHARLES. Plus que ma vie! mais...

ANGELINA. Vous l'aimez, et vous voulez revenir à moi! me donner votre nom!.. c'est votre cœur qu'il me fallait, Monsieur. Gardez votre pitié... elle me fait plus de mal que votre abandon... J'ai de la force et du courage plus que vous ne pensez!.. Et quand je devrais ne pas surmonter ma peine, quand je devrais être à jamais malheureuse... je le serai seule au moins! et ma souffrance pourra parfois s'adoucir à songer, que vous, Monsieur, vous ne souffrez pas, que Juliette ne souffre pas non plus, elle, si pure et innocente en tout cela... Oui, je le sens, votre bonheur sera doux à mon infortune, Charles... et votre seul châtiment sera de reconnaître qu'à tout prix c'est à moi qu'il appartenait de vous rendre heureux.

CHARLES. Angelina, si vous compreniez ce qui se passe dans mon âme!.. Juliette! Juliette!..

ANGELINA. Elle va vous appartenir.. calmez-vous. Tout est prêt. Comptez sur ma discrétion. (*Charles cherche à saisir la main d'Angelina, qui la retire.*) Me remercier!.. Oui, je mérite peut-être quelque reconnaissance... Mais après que vous m'aurez vue assister en silence, à la cérémonie, en silence apposer ma signature à votre contrat, si, pour prix du sacrifice accompli, un désir... une prière...

CHARLES. De vous! ce sera un ordre, Angelina! j'obéirai.

ANGELINA. Quelqu'étrange et inattendue que soit la chose...

CHARLES. Parlez!

ANGELINA. Plus tard, lorsqu'il ne vous restera plus aucun doute... Charles, ce sera la dernière fois.

CHARLES. La dernière fois!...

ANGELINA. Allez, Monsieur, allez!.. Juliette vous cherche peut-être... Moi, je vais rester ici, seule... Et quand l'heure sera venue, vous m'y retrouverez, sans que rien soit changé dans la résolution que j'ai prise.

CHARLES. Je vous laisse. (*Il sort.*)

SCENE VIII.

ANGÉLINA, *seule*.

C'est bien!.. il est demeuré aveugle!.. il n'a pas lu dans mon cœur!.. il n'a rien deviné! Charles est calme, et croit Angelina généreuse! C'est bien! qu'ils viennent maintenant, qu'ils viennent tous, je les attends! En vain ils chercheront sur mon visage et dans mes yeux quelque trace de regrets ou d'abattement; en vain ils croiront voir trembler ma main... ma main sera ferme et mon front joyeux!.. Oui, je le sens, je ne respire que pour le plaisir... J'entends déjà l'orchestre... la musique m'enivre!.. Oh! la brillante parure, les jolies fleurs!.. On sourit... les cavaliers entraînent leurs dames... Voilà le quadrille formé... l'on s'élance... Oh! je suis bien heureuse... Mais patience, le bal finira!..

SCÈNE IX.

JULIETTE, ANGELINA.

JULIETTE, *accourant.* Ma sœur... ma sœur! il est arrivé!

ANGELINA. Qui donc?

JULIETTE. Eh bien! le notaire... Ce ne sera pas long, maintenant... Tu ne sais pas? le cœur commence à me battre... tiens! mets ta main là... j'aurais été bien plus embarrassée encore, si je ne t'avais pas eue auprès de moi... tu es bien gentille, va!.. On approche... entends-tu?..

ANGELINA, *à part.* De la fermeté, mon dieu!

JULIETTE. A propos, Angelina... je crois que le notaire m'embrassera... on dit que cela fait partie de ses honoraires... Suis-je bien ainsi?.. regarde.

ANGELINA, *comme à elle-même.* Qu'elle est jolie!

JULIETTE. Vrai?.. tant mieux!.. pour Charles, d'abord... et puis pour le notaire... Au moins, il ne sera pas fâché de se conformer à l'usage... Ah! voici tout le monde.

SCÈNE X.

LES MÊMES, LE GÉNÉRAL, CHARLES, Mlle GAUTIER, LE NOTAIRE, AMIS ET PARENS, UN DOMESTIQUE.

CHOEUR.

AIR : *Quand l'amitié nous appelle.*

(Louise ou la Réparation.)

En ce jour
Chacun s'apprête
A célébrer leur amour.
Amis, chantons tous la fête
Qui nous rassemble en ce jour;
Oui, célébrons tous la fête
De l'hymen et de l'amour...
Chantons l'hymen et l'amour!

(*Pendant le chœur, le Notaire a salué Juliette.*)

LE GÉNÉRAL, *au Notaire.* Veuillez prendre place, Monsieur.

(*Le Notaire s'approche de la table, s'assied, et dispose des papiers.*) 1

CHARLES, *à part.* J'ai peine à me soutenir.

LE GÉNÉRAL, *à Angelina.* Cela va toujours bien, Angelina?

ANGELINA. Oui, mon père.

LE GÉNÉRAL, *à Juliette et Charles.* M. Charles... et toi, Juliette... voici le moment décisif... C'est votre bonheur qui commence...

JULIETTE. Notre bonheur... oui, n'est-ce pas, Monsieur?

CHARLES. Juliette!..

LE NOTAIRE. Tout est prêt... Messieurs les témoins connaissent les clauses du contrat : elles sont convenues et arrêtées... Il n'y a plus qu'à signer.

LE GÉNÉRAL, *après avoir signé.* Charles...

ANGELINA, *bas à Charles.* Allez donc; c'est votre tour.

JULIETTE. Eh bien?...

(*Charles s'avance dans le plus grand trouble, et signe précipitamment.*)

LE NOTAIRE. La mariée?..

(*Juliette signe; le Notaire l'embrasse, et se jette ensuite aux bras de son père.*)

ANGELINA, *s'approchant.* A moi, maintenant!

(*Elle prend la plume, s'arrête un instant, et signe après avoir jeté un regard sur Charles.*)

CHARLES, *à part.* Elle a signé!

(*Angelina se retourne, et regarde encore Charles.*)

LE GÉNÉRAL. Mademoiselle Gautier, signez, et paraphez!

Mlle GAUTIER. Soyez tranquille, Général... je sais ce que c'est.

(*Elle signe; puis viennent les témoins.*)

JULIETTE, *à Charles.* Ils n'en finissent pas de signer... c'est autant de perdu pour le bal... Nous allons danser!..

CHARLES. Il me tarde aussi...

Mlle GAUTIER, *s'approche de Juliette en souriant.* Eh bien, madame Belmont?..

JULIETTE, *gaîment.* C'est vrai!.. je ne suis plus Mademoiselle.

AIR : *Valse de Robin des Bois.*

D'attendre vraiment je suis lasse;

1 Le Notaire, Juliette, le Général, Angelina, Charles, Mlle Gautier.

Quand donc commencera le bal?
Ne va-t-on pas se mettre en place?
L'orchestre a donné le signal.
(*A un jeune homme qui l'invite.*)
Avec plaisir pour la première?...
Mlle GAUTIER.
Non pas, peux-tu promettre ainsi!..
JULIETTE, *au jeune homme.*
Excusez-moi.
Mlle GAUTIER.
Toujours, ma chère,
La première est pour le mari.

ENSEMBLE.

JULIETTE.
D'attendre vraiment je suis lasse...
Mlle GAUTIER.
D'attendre vraiment elle est lasse.
Bientôt va commencer le bal,
On va bientôt se mettre en place;
L'orchestre a donné le signal.

JULIETTE, *à Charles.* Au moins, Monsieur, je compte sur vous.

(*Charles lui baise la main, puis le domestique emporte la table; la conversation paraît s'engager sur plusieurs points. Des dames entourent Juliette et mademoiselle Gautier; le Général cause avec le Notaire. Angelina s'approche de Charles.*)

ANGELINA, *bas à Charles.* A-je tenu ma parole, Charles?

CHARLES. Je suis prêt à tenir la mienne.

ANGELINA. Si vous traversiez à cette heure l'allée des lilas, où jeteriez-vous les yeux, Charles?.. et si vous voyez, à la fenêtre qui donne sur cette allée, un volet à demi-ouvert?..

CHARLES. Y songez-vous?..

ANGELINA. J'ai tenu ma parole, moi.

CHARLES. Mais...

ANGELINA. Après le bal?..

CHARLES. J'irai.

JULIETTE, *au Général.* Eh bien, mon père?..

LE GÉNÉRAL. Tu as raison de me rappeler à l'ordre... Allons, Messieurs!..

JULIETTE. Mon père danse avec mademoiselle Gautier.

LE GÉNÉRAL. Je ne m'en dédis pas, morbleu!

Mlle GAUTIER. Ni moi non plus... Je sais encore ce que c'est!..

(*Le Général et mademoiselle Gautier se placent vis-à-vis de Charles et Juliette. Un cavalier invite Angelina, qui s'excuse.*)

LE GÉNÉRAL. Comment, Angelina, tu refuses!..

ANGELINA. Je ne suis pas très-forte, et je me ménage pour danser la seconde avec mon beau-frère.

LE GÉNÉRAL. Il n'y a rien à dire à cela.

(*Le quadrille se complète, et la contredanse commence.*)

ANGELINA, *après quelques instans.* Toujours quelque regard attaché sur moi!.. ne parviendrai-je pas à m'échapper sans être aperçue?.. Cela s'anime enfin!.. Charles est tout à Juliette!.. Merci d'être oubliée cette fois... Le moment est venu!

(*Elle s'échappe et disparaît.*)

SCÈNE XI.

LES MÊMES, *excepté* ANGELINA.

LE GÉNÉRAL, *à mademoiselle Gautier.* Je ne vois plus Angelina.

Mlle GAUTIER. Général, elle était là il n'y a qu'un instant... Elle cause sans doute au fond du salon...

JULIETTE. Où donc est ma sœur!.. serait-elle indisposée?..

CHARLES, *effrayé.* Angelina?.. Elle n'est plus ici!

LE GÉNÉRAL. Il faut la faire demander...

(*La contredanse se termine.*) 1

CHARLES. J'y cours...

Mlle GAUTIER. Elle vient.

SCÈNE XII.

LES MÊMES, ANGELINA.

LE GÉNÉRAL. On te cherchait... Nous craignions déjà que tu ne fusses malade...

ANGELINA. Moi!.. est-ce qu'on m'attendait pour danser?.. Charles, me voilà.

JULIETTE. Eh bien, commençons... un galop!

ANGELINA, *à part.* J'ai réussi, je serai vengée!

(*Charles vient la chercher, il la regarde avec expression; on se place. L'orchestre donne le signal, le rideau baisse.*)

1 La contredanse doit se terminer à une seule figure, d'après laquelle il faut mesurer le dialogue.

ACTE III.

La chambre d'Angelina. Porte au fond; une fenêtre donnant sur le jardin. Un sopha.

SCÈNE PREMIÈRE.

JULIETTE, LE GÉNÉRAL, ANGELINA, Mlle GAUTIER.

LE GÉNÉRAL. Eh bien, Mesdemoiselles, vous n'êtes pas trop fatiguées?

JULIETTE. Fatiguées pour si peu de chose!
LE GÉNÉRAL. Comment, si peu de chose!
JULIETTE. Pas seulement un petit galop!
LE GÉNÉRAL. Il n'en est pas moins minuit... pour un bal improvisé, pour un bal de campagne, c'est très raisonnable.
JULIETTE. Passe pour ce soir... mais demain, pour la noce, j'espère que cela durera plus long-temps, et qu'on ne sera pas assez raisonnable pour se séparer à minuit.
Mlle GAUTIER. Tout est au mieux... chacun va bien reposer, et la nuit prochaine se passera toute entière à danser... Mais quoi qu'en dise ta sœur, ma chère Angelina, tu as sans doute besoin de sommeil, toi... je sais ce que c'est... Nous allons te laisser...
LE GÉNÉRAL. En effet, j'ai vu avec plaisir, qu'après avoir d'abord refusé la première invitation, tu n'avais presque plus quitté la place... tes traits étaient animés par la joie, et cet air soucieux que je te reprochais depuis mon retour, avait entièrement disparu... Si tu savais combien cela me rendait heureux!.. Une noce peut donner goût au mariage... et je songeais au moment où tu suivras le bon exemple de Juliette, où tu te marieras aussi...
ANGELINA, *à part.* Jamais!
LE GÉNÉRAL. Que veux-tu?.. je suis entêté; je ne renonce pas aisément à mes projets.
ANGELINA. Mon père!
LE GÉNÉRAL. N'en parlons plus... pour ce soir... J'attendrai que tu viennes toi-même me demander un mari.
JULIETTE. Pourquoi pas? C'est si gentil de s'appeler Madame... quand Monsieur est aimable!..
Mlle GAUTIER, *à moitié endormie.* Je sais ce que c'est...
JULIETTE. Que l'envie de dormir!..
LE GÉNÉRAL. Allons, allons! l'heure de la retraite est passée. Bonsoir, mes enfans. Mademoiselle Juliette...
JULIETTE, *souriant.* Comment? comment?..

AIR : *De l'Artiste.*

Souffrez que je réclame
Un titre précieux...
Ne suis-je pas Madame?
  LE GÉNÉRAL.
Eh bien, Madame, adieu!
Enfant, qui se blasonne...
Ainsi parfois, hélas!
Plus d'un nom qui se donne,
Ne se mérite pas!

LE GÉNÉRAL. Pardon... madame Charles Belmont,.. Adieu, Angelina! (*Il l'embrasse.*) à revoir.
Mlle GAUTIER, *à Angélina.* Adieu, petite.
(*Juliette donne la main à sa sœur, et va pour sortir avec le Général et mademoiselle Gautier.*)
ANGELINA. Mon père... encore!.. embrassez-moi!.. et vous, ma bonne amie!.. adieu! et toi, Juliette...
(*Sortent le Général, mademoiselle Gautier et Juliette.*)

SCENE II.

ANGELINA, *seule.*

Un adieu éternel!.. oh!.. Attendons maintenant... Avant que le sommeil règne partout, et que Charles ait vu successivement s'éteindre chaque lumière, il faut bien une heure... une heure! que c'est long!.. Grâce au ciel, tandis qu'on dansait, je suis parvenue à pénétrer chez lui sans être aperçue, et à m'emparer de cette arme qui lui appartient. (*Elle tire le poignard de son sein.*) Attendons!
JULIETTE, *en dehors.* Angelina!
ANGELINA, *cachant le poignard.* C'est la voix de Juliette.
JULIETTE, *en dehors.* Ouvre-moi... si cela ne te contrarie pas de me donner quelques instans.
ANGELINA. Que faire?.. oui, je le puis encore... (*Elle va ouvrir.*)

SCENE III.

ANGELINA, JULIETTE.

JULIETTE. Je ne te dérange pas trop?.... C'est que je n'ai nullement envie de dormir... les contredanses me résonnent encore à l'oreille.
ANGELINA. Sois la bien venue.
JULIETTE. Je viens causer... Nous sommes seules, nous pourrons jaser tout à notre aise, et tant que cela nous fera plaisir. (*Elles s'asseyent.*)
ANGELINA. C'est une liberté dont il faut profiter; nous n'avons plus long-temps à en jouir.
JULIETTE. Et pourquoi? est-ce que tu t'imagines que le mariage me changera? pas le moins du monde. Me voilà aujourd'hui comme je serai demain, après demain, et toujours.
ANGELINA. Juliette, c'est une erreur que tu reconnaîtras bientôt. Tout ce que l'on porte d'affection à un mari est perdu pour d'autres.

JULIETTE. Quelle idée !

ANGELINA. Et tiens, une preuve de ce que je te dis là, c'est que maintenant, et depuis que M. Charles est aimé de toi, je le suis beaucoup moins.

JULIETTE. Comment peux-tu croire ?..

ANGELINA. Ecoute, Juliette, autrefois avais-tu jamais une peine, un bonheur, une pensée enfin, que tu ne vinsses partager avec ta sœur ? Tout était commun entre nous, chagrins et plaisirs... Nous nous faisions confidence de tout, nous nous demandions conseil sur tout... nous n'avions qu'une âme à nous deux.

JULIETTE. Eh bien ?

ANGELINA. Eh bien ! avec quel soin m'avez-vous caché l'un et l'autre cet amour, dont je n'ai eu connaissance qu'avec la résolution de votre mariage !

JULIETTE. Ne m'accuse pas d'avoir gardé le silence là-dessus. M. Charles était lui-même si discret !.. je l'ai plutôt deviné qu'il ne s'est expliqué lui-même.

ANGELINA, *vivement*. Que dis-tu ..

JULIETTE. Je n'ai compris le trouble qu'il éprouvait qu'à celui que j'éprouvais aussi... Nos yeux parlaient, voilà tout ; et puis, à la promenade, je sentais mon bras doucement pressé par le sien... J'ai traduit tout cela... et si je n'avais hasardé l'aveu que j'ai fait à notre père de nos sentimens, nous en serions encore à nous les avouer mutuellement.

ANGELINA. Mais si tu t'étais trompée, Juliette... (*Elles se lèvent.*)

JULIETTE. C'est impossible !

ANGELINA. Si tu n'étais pas aimée ainsi que tu crois l'être... si une autre avait, avant toi, reçu de M. Charles les marques mystérieuses d'amour dont tu parles !.. si son bras avait pressé un autre bras que le tien, si d'autres regards avait répondu à ses regards !..

JULIETTE. Je te dis que c'est impossible, Angelina... Tu n'as donc pas vu son émotion, lorsque mon père a déclaré qu'il lui accordait ma main ?

ANGELINA, *à part*. Si ! je l'ai vue !

Air : *De l'Anniversaire.*

JULIETTE.
Quand il reçut l'assurance enivrante
Qui tout à coup décide son bonheur,
Dans son maintien et dans sa voix tremblante
J'ai reconnu le trouble de son cœur.
Va, j'en réponds, sa tendresse est sincère...
D'avoir douté j'ai regret à présent !
C'est mon mari d'ailleurs, et c'est ton frère...
Aimons le bien.

ANGELINA, *à part*.
Hélas ! je l'aimais tant.

(*Haut, avec émotion.*) Juliette !..

JULIETTE. Mais qu'as-tu donc ?.. ma sœur, ma bonne Angelina !... Tu ne sais pas ?... à te voir ainsi triste, alors que je suis heureuse, j'ai peur d'être un peu cause de ton chagrin. Dis, est-ce que tu es fâchée de me voir mariée ?.. Pourquoi ne consens-tu pas à accepter pour toi le parti que te propose mon père ?

ANGELINA. Epouser M. de Mélanville !.. Enfant, tu n'as donc pas réfléchi à ce que c'est que le mariage !.. S'épouser de confiance... après s'être rencontrés dans un bal une ou deux fois, et, sans se connaître, échanger sa destinée, se lier pour toujours !.. On voit pourtant de ces folies !.... Toi, du moins, tu connais M. Charles ; tu penses le connaître... et tu ne songes pas à l'avenir, parce que tu te crois sûre du passé !.. Mais moi, je ne me marierai pas ; je ne puis pas me marier ! Moi, en échange de mon amour, qui serait brûlant, inaltérable, j'exigerais un amour pareil ! Je ne me marierai pas, parce que je veux un cœur tout entier qui n'ait jamais battu, qui ne doive jamais battre que pour moi ! Je ne me marierai pas, Juliette, parce que je suis jalouse !

JULIETTE. Jalouse !..

ANGELINA. Parce que je ne résisterais pas aux tourmens que cause l'oubli, et que si un homme, après m'avoir dit : je t'aime ! cessait, malgré lui, de m'aimer, ma douleur serait affreuse, et ma vengeance plus affreuse encore !

JULIETTE. Angelina... calme-toi... tu me fais peur !.. et cependant, je te comprends... Cela doit être bien horrible d'être oubliée, trahie !..

ANGELINA. Bien horrible, en effet.

JULIETTE. Si Charles... O mon dieu !..

ANGELINA. Dis-moi seulement... Juliette, dis-moi... sans songer à Charles... si ton amour resterait à celui qui ne le mériterait plus ; s'il survivrait à un outrage...

JULIETTE. Je ne sais...

ANGELINA. Tu ne regretterais pas un ingrat ?.. et s'il trouvait le châtiment de sa faute, tu ne maudirais pas la main qui l'aurait frappé ?..

JULIETTE. Comment ?..

ANGELINA. Réponds-moi !

JULIETTE. Est-ce que je vais être jalouse aussi ?..

ANGELINA. Réponds !
JULIETTE. Ta voix me pénètre... Il me semble que je ne la maudirais pas...
ANGELINA. Non ?..
JULIETTE. Mais ne parlons plus de tout cela... Ta tête s'égare à ces pensées... il faut les bannir...
ANGELINA. Tu as raison. Pardonne-moi l'inquiétude que j'ai jetée dans ton âme... et promets-moi que je te serai toujours chère.
JULIETTE. Toujours !
ANGELINA. Tu te souviendras de nos années d'enfance, de notre amitié de sœurs; et, quoi qu'il arrive, ce souvenir te sera précieux... tu me le jures ?..
JULIETTE. A quoi bon ? cela pourrait-il ne pas être ?
ANGELINA. J'y compte... Mais Juliette, je crois qu'il est temps de nous quitter.
JULIETTE. Comme il te plaira.
ANGELINA. Il le faut.
JULIETTE. Eh bien ! sœur, bonne nuit.
ANGELINA. Adieu ! (*Elles s'embrassent.*)
JULIETTE. A demain.

(*Elle sort.*)

SCÈNE IV.

ANGELINA, seule.

Demain !.. Pour elle, pour Charles, sans doute, ce mot renferme une idée de fête et d'avenir joyeux ! pour moi, une idée de néant et de fête aussi !.. Eh bien ! pourtant ils se trompent !.. Seule, je sais ce que veut dire demain; car demain sera ce que j'aurai voulu !.. Oh! ma résolution est bien prise, elle ne changera pas ; et je puis jeter en arrière un dernier coup-d'œil sur la vie, à qui j'ai dit adieu !.. Oui, l'existence aurait pu m'être douce; elle avait doucement commencé..... O mes premières années !.. mes jeux d'enfance !.. l'amitié de ma sœur, la tendresse de mon père !.. Mon père a été bien bon pour moi ! Et ces baisers maternels, dont j'ai conservé comme l'empreinte dans mon cœur !.. cela s'annonçait heureusement... Mon premier malheur, c'est la mort de ma mère. Si elle eut vécu, je serais grandie à son côté, sous ses yeux... Il ne serait pas venu me chercher entre ses bras, Charles, mon second malheur ! Charles qui m'a aimée ! Charles qui m'a flétrie et ne m'aime plus ! Charles que j'aime encore, et dont je vais me venger !.. Ce que je prépare est terrible au moins !.. car enfin, il n'y a que lui de coupable, et, d'un seul coup, mon bras va frapper bien du monde à la fois !.. Voyons... je suis injuste... Si je parvenais à tout oublier ! ce serait généreux !.. Si le calme pouvait rentrer dans mon âme, si je livrais le cruel à ses remords !.. mais il n'en aurait point peut-être, et se rirait de moi !.. Et Juliette ?.. je lui arrache un époux... qui l'aime... C'est son tour d'être aimée !.. mais son tour ne viendra-t-il pas d'être abandonnée aussi ? Charles ferait d'elle comme il a fait de moi, et Juliette n'aurait ni la force ni le pouvoir d'une vengeance... Je l'aurai, moi ! oui, en punissant un crime j'en préviendrai un autre ! (*Elle court à sa fenêtre et entr'ouvre le volet.*) Charles !.. Charles ! je t'ai plus d'une fois appelé à cette heure de la nuit... Je t'appelle encore, Charles !.. Oh !, pourvu qu'il ne manque pas à ce dernier rendez-vous !..

SCÈNE V.

ANGELINA, CHARLES, *entrant par la fenêtre avec précaution.*

ANGELINA. Le voilà !
CHARLES. Près de vous, qui l'avez désiré...
ANGELINA. Nous avons des adieux à nous faire.
CHARLES. Des adieux !..
ANGELINA. Bientôt je ne serai plus Angelina pour vous ; pour moi vous ne serez plus Charles... tout sera fini... J'ai voulu que nous fussions une fois encore réunis avant cela : il fallait nous revoir, vous parjure, moi malheureuse, là où j'ai reçu vos sermens, et où j'ai cru au bonheur.
CHARLES. Angelina, je suis bien coupable...
ANGELINA. Oh ! n'est-ce pas ? Mais ne parlez pas de votre crime ; ne dites pas que vous êtes coupable... je le sais ! dites-moi que vous m'avez aimée, Charles, et que votre bouche ne mentait pas, alors qu'elle me faisait entendre des paroles d'amour.
CHARLES. Le ciel m'en est témoin !
ANGELINA. Souvent vos yeux se fixaient sur les miens, et ne pouvaient s'en détacher... C'était un échange enivrant de regards, où chacun de nous lisait les plus secrets sentimens de l'autre.
CHARLES. Oui, souvent nous étions ainsi ; et puis votre main s'abandonnait à la mienne, Angelina ! ainsi !..
ANGELINA, *lui donnant la main.* Charles, c'était un doux rêve.

CHARLES. Et renfermant notre existence tout entière dans l'espace du moment, nous ne songions pas qu'il y eût pour nous passé ni avenir...

ANGELINA. C'est que nous avions foi dans le présent !.. (*elle s'éloigne de Charles.*) Charles, j'étais folle alors, moi, qui croyais à votre parole, moi, qui croyais à vos regards !.. Oui, j'étais folle... car maintenant, votre parole, vos regards sont les mêmes, et, pourtant, vous ne m'aimez plus !

CHARLES. Angelina !

ANGELINA. Charles, à votre tour, vous êtes fou !..

CHARLES. Moi !..

ANGELINA. N'avoir pas trouvé même étrange le désir d'une pareille entrevue !.. Et si l'on vous surprenait ici !.. Charles, la nuit, chez moi, moi, la sœur de celle qu'il doit épouser dans quelques heures !

CHARLES. Tout le monde repose.

ANGELINA. Excepté nous... Veiller, c'est le partage du crime et de la vengeance.

CHARLES. De la vengeance !..

ANGELINA. Quand je te dis, Charles, que tu es fou !.. car tu as cru au pardon de celle que tu avais lâchement trahie !.. car, me voyant si généreuse et si résignée, tu as pensé en toi-même avec pitié : La pauvre fille ! Et ce dernier rendez-vous, que j'ai obtenu, tu me l'as accordé comme une aumône, imaginant que je mendiais encore une heure d'amour et de caresses ! Insensé ! insensé !..

CHARLES. Angélina, je t'en conjure..... reviens à toi !.. Quel est ton dessein ? que prétends-tu faire ?..

ANGELINA. Te perdre.

CHARLES. Et comment ? Je le sais, il t'est facile d'appeler et de me convaincre; mais à quoi bon ?.. Hier, ne t'ai-je pas offert de revenir à toi, de renoncer à Juliette !.. et tu m'as refusé.

ANGELINA. Ce n'est pas ce qu'il me faut.

CHARLES. Non ?.. Mon châtiment n'eût pas ainsi égalé mon crime... Tu voulais m'abuser par une fausse espérance, m'amener au point de ne plus rien redouter, et puis, tout-à-coup, m'arracher à l'illusion et rompre douloureusement mes liens avec Juliette ! Cela est juste, et sois satisfaite ! Demain, demain il sera tems encore je parlerai... Nous motiverons un délai... Mais pour cette nuit, n'appelle pas ! trop de témoins accourraient à tes cris.

ANGELINA. Si ma volonté eut été de te contraindre, de devenir ta femme en dépit de toi, je n'aurais pas attendu jus-qu'ici pour l'accomplir... Non, ce n'est pas cela qu'il me faut.

CHARLES. Qu'est-ce donc ?.... Tu veux m'effrayer...

ANGELINA. N'avons-nous pas juré, l'un et l'autre, que notre amour ne finirait qu'avec notre vie ?.. Charles, notre cœur ne devait battre qu'avec amour... L'amour a cessé... Notre vie touche donc à son terme... la mienne du moins... Quant à vous, votre agonie sera plus longue, Charles Belmont... Mais en vérité, vous êtes perdu !..

(*Elle s'échappe, ferme les verroux de la porte, et sonne avec violence.*)

CHARLES. Ciel !..

ANGELINA, *criant*. Au secours !.. au secours !..

CHARLES. Ces cris !.. Angelina !.. Sa raison s'égare !..

ANGELINA, *criant*. Au secours !.. au secours !.. (*du bruit en dehors.*) Entendez-vous ? on vient !..

VOIX, *en dehors*. Ma fille ! Angelina !..

ANGELINA, *tirant le poignard*. Connaissez-vous ce poignard ?..

CHARLES. C'est le mien !..

(*Angelina se frappe, pousse un cri, et tombe.*)

VOIX, *en dehors*. Ouvrez ! ouvrez !..

(*On ébranle la porte ; bruit confus.*)

CHARLES. Angelina !..

(*Il se jette à genoux près d'elle, la soulève, et retire l'arme de la blessure.*)

VOIX, *en dehors*. Ouvrez !..

(*La porte ébranlée de plus en plus, cède enfin; tout le monde paraît en se précipitant sur la scène. Charles tient le poignard ensanglanté.*)

SCÈNE VI.

ANGELINA, *renversée*; CHARLES, LE GÉNÉRAL, JULIETTE, Mlle GAUTIER, *Domestiques, amis et parens.*

LE GÉNÉRAL. Ma fille !..

JULIETTE. Charles !..

LE GÉNÉRAL. Ma fille !.. un mot !.. Angelina, un mot à ton père !..

ANGELINA, *mourante*. Mon père !.. Un secret... Vengeance !.. Voilà mon séducteur et mon assassin !..

(*Son regard indique Charles. Elle retombe. Charles est immobile ; on va le saisir. — Tableau général. — Le rideau baisse.*)

FIN.

THÉATRE PARISIEN.

PIÈCES NOUVELLES ET AUTRES.

Angelina, drame vaudev. en 3 a. de Hippolyte Rimbaut.
Une Heure dans l'autre Monde, folie-parade-vaud. par MM. Lubize et E. Ronteix
Le Gueux de mer ou la Belgique, drame 3 a. Cormon.
L'Ouvrière, drame-vaudeville, 3 actes.
Ma Femme et sa Chambre, folie-vaud. par Edme Schauffer.
Le bon Ange, ou chacun ses torts, drame-vaudeville en 1 a. par Boulé et Cormon
L'Amour et les Champignons, dr. en 1 a. en vers, par M. Thibaut.
Allez vous coucher, vaud. de MM. Gabriel et E. Vander-Burch.
La Fille de Robert Macaire, mél. comique en 2 actes, de Maillan et Barthélemy
Claude Bélissan, vaud. en un acte, de M. Théaulon.
Naissance et Mariage, vaud. en un acte, de E. Cormon.
Le Facteur, drame en 5 actes, de MM. Ch. Desnoyers et Potier.
Othello, tragédie en 5 actes, de Ducis.
Chambre a louer, vaudeville, de Varez.
Le Ménage du Savetier, vaudeville.
La Femme de l'Avoué, vaud. en un acte, de MM. Mélesville et Carmouche.
Malborough, parade-vaud. en 3 a., par M. Dumersan.
Discrétion, comédie-vaud. en 1 a., par MM. Dumanoir et Camille.

TOME Ier DU THÉATRE PARISIEN, contenant 25 Pièces.

Prix : 6 fr. 50 c., et franco 8 fr. — (Toutes ces Pièces se vendent séparément.)

Adolphe et Clara, v. en 1 a. de Marsollier.
Caravage, drame en 3 a.
La Cocarde tricolore, v. en 3 a. de M. Cogniard.
Le Conscrit, v. de MM. Merle, Simonnin et Ferdinand.
Dieu et Diable, v. de M. Nezel.
La Famille de l'Apothicaire, v. de MM. Duvert, Duverger et Varin.
La Femme, le Mari et l'Amant, v. en 4 a. de MM. Paul de Kock et Dupeuty.
Le Fils adoptif, v. de M. Brazier.
La France pittoresque, v. de MM. Théaulon et Desmares.
L'Idée du Mari, v. de MM. Adolphe Dennery et Cormon.
Jocrisse Maître et Jocrisse Valet, 1 a. (Cette Pièce manquait depuis 10 ans.)
Judith et Holopherne, v. en 2 a. de MM. Théaulon et Nézel.
Mme Bazille, v. de MM. Lurine et Sollard.
La Marchesa, d. en 3 a. de MM. Adolphe Dennery et Alfred.
Le Mari, la Femme et le Voleur, v. en 1 a. de MM. Lewen et Lafitte.
Le Musicien de Valence, v. de MM. Simonnin et Gustave.
La Salamandre, v. hist. en 4 a. de MM. de Livry, Desforges et Leuwen.
Sans Tambour ni Trompette, v. de MM. Brazier, Merle et Carmouche.
Tout Chemin mène à Rome, v. de MM. Charles Desnoyers et Lafitte.
Le Tremblement de terre de Lisbonne, tr. en 5 a. de Maître André.
Trois Ans après, drame en 4 a.
Un Antécédent, v. de M. Arago.
Un Noviciat diplomatique, vaud.
Une Fille à établir, v. en 2 a. de M. Bayard.
Les Victimes cloîtrées, d. en 3 a. de Monvel.

LES
HUIT CODES
DU ROYAUME,

PRÉCÉDÉS

DU TABLEAU DES DISTANCES DE PARIS

A TOUS LES CHEFS-LIEUX DES DÉPARTEMENS,

Évaluées en kilomètres, en myriamètres et en lieues anciennes.

DU TARIF DES FRAIS ET DÉPENS

POUR LE RESSORT DE LA COUR ROYALE DE PARIS ET DES DÉPARTEMENS ;

ET SUIVIS

DES LOIS SUR L'ORGANISATION DE LA GARDE NATIONALE. — SUR L'ORGANISATION MUNICIPALE. — SUR L'APPLICATION DU JURY AUX DÉLITS DE LA PRESSE. — SUR LA PROCÉDURE EN MATIÈRE DE DÉLITS DE LA PRESSE, AFFICHAGE ET CRIAGE PUBLICS. — SUR LE CAUTIONNEMENT DES JOURNAUX ET ÉCRITS PÉRIODIQUES. — LOI SUR LES ÉLECTIONS. — SUR LE SACRILÉGE. — SUR LES SUBSTITUTIONS.

HUITIÈME ÉDITION.

D'APRÈS LES ÉDITIONS DE L'IMPRIMERIE ROYALE.

PARIS,
CHASSAIGNON, IMPRIMEUR-LIBRAIRE,
Rue Gît-le-Cœur, N° 7.

1833.

www.ingramcontent.com/pod-product-compliance
Lightning Source LLC
Chambersburg PA
CBHW070530050426
42451CB00013B/2940